CHAMBRE DES PAIRS

DISCUSSION DU PROJET DE LOI SUR L'INSTRUCTION SECONDAIRE

DISCOURS

PRONONCÉ

PAR M. LE BARON DE FRÉVILLE

DANS LA SÉANCE DU MARDI 23 AVRIL.

PARIS,

DE L'IMPRIMERIE DE CRAPELET
RUE DE VAUGIRARD, 9

1844

CHAMBRE DES PAIRS.

DISCUSSION DU PROJET DE LOI SUR L'INSTRUCTION SECONDAIRE.

DISCOURS

PRONONCÉ

PAR M. LE BARON DE FRÉVILLE

DANS LA SÉANCE DU MARDI 23 AVRIL.

MESSIEURS,

Lorsqu'un âge moins avancé et des souffrances moins habituelles me permettaient l'accès de cette tribune, j'ai souvent éprouvé les effets de votre indulgence. Elle m'a pénétré de la reconnaissance la plus vive, et j'ai pensé que la meilleure manière de vous la prouver, c'était de ne pas abuser de votre bienveillance, et de laisser désormais à d'autres orateurs plus jeunes et plus habiles l'honneur d'engager votre attention. Si, aujourd'hui, j'ose la solliciter pour quelques moments, serait-ce donc que, par une présomp-

tion tardive, je reviendrais sur une détermina-
tion, qui m'avait été suggérée par un affaiblisse-
ment trop certain? Non, Messieurs, je me hâte
de vous assurer que ce n'est pas une telle inconséquence qui m'amène devant vous; c'est un
motif si grave, qu'il force à regarder comme fri-
voles les plus chers intérêts de l'amour-propre;
c'est un devoir de conscience auquel je ne pour-
rais me soustraire sans remords.

Vous aurez été péniblement affectés, Messieurs, par les divers incidents d'une lutte dé-
plorable, où tant d'injures ont été proférées
contre le clergé et contre l'Université. Mais votre raison plane au-dessus de ces tristes circonstances, et elle m'encourage à vous soumettre
des observations, qui peuvent manquer de justesse ou de solidité, qui, au moins, prennent
naissance dans une conviction bien sincère. Je
vous supplie, pour vous faire saisir leur véritable caractère, de les considérer comme si elles
vous étaient présentées en 1830, pour l'exécution
immédiate de l'article 69 de la Charte.
J'appelle à dessein votre attention sur cette époque de 1830, parce qu'il n'arrivera certainement
à personne de prétendre qu'une résolution
adoptée alors ait été provoquée par le clergé..

Il ne serait guère moins extraordinaire de dire,
qu'elle eût été inspirée par des dispositions mal-
veillantes contre l'Université, plusieurs de ses
membres les plus distingués étant investis de
beaucoup d'influence politique, lors du grand
événement que je viens de rappeler.

L'article 69 de la Charte donne encore lieu
à une réflexion que votre sagesse appréciera. Il
ne se présente pas comme un principe abstrait,
et dont l'énonciation ne s'expliquerait que par
le mouvement aventureux des espérances, plus
ou moins légères, qui s'élanceraient vers l'avenir. Cet article a été dicté par les leçons du
passé, il est le résultat d'une expérience longue
et sérieuse, qui remonte jusqu'à l'année 1806,
jusqu'à la naissance de l'Université. Que signifie
la promesse exprimée par l'article 69 de la
Charte, sinon que le régime de l'Université, ou
plutôt l'institution elle-même, doit être mo-
difiée dans un sens favorable à la liberté de l'enseignement?

Je ne balance pas à déclarer, que je ne compte
prendre rang, ni parmi les détracteurs, ni parmi
les panégyristes exagérés de l'Université. Si je
fais cette déclaration, ce n'est pas que je lui sup-

pose la moindre importance pour qui que ce
soit, mais je prends ce moyen pour vous indiquer dès à présent le point de vue sous lequel
je vais me placer. J'espère ne blesser personne,
en essayant de défendre les droits que la religion et la liberté ont à faire valoir, dans un
commun intérêt.

Il y aura bientôt trente-huit ans, que le Tribunat me déféra l'honneur de porter au Corps
législatif l'expression de son vœu pour l'adop-
tion du projet, qui est devenu la loi du 10 mai
1806. Vous savez qu'elle se bornait à créer un
corps enseignant et à promettre, pour la session de 1810, une loi qui l'organiserait.

Voici la pensée qui parut digne d'être accueillie avec applaudissement. Il s'agissait, non
plus d'établir pour l'instruction publique un
système d'encouragement partiel, irrégulier et
incomplet, mais de donner aux membres du
corps enseignant une position élevée et analogue à celle des fonctionnaires répartis dans les
autres branches du service national. C'était la
première fois qu'une telle fondation avait lieu;
elle était doublement analogue, et à l'état de la
société en France, et aux circonstances poli-

tiques de l'époque, qui recommandaient l'emploi de tous les moyens propres à assimiler à l'ancienne population les habitants de divers pays, qui étaient alors compris dans les limites de l'Empire.

Si je ne m'abuse, le but principal de la loi de 1806 a été atteint. La carrière qui s'ouvrait pour le corps enseignant a appelé un grand nombre d'hommes distingués qui, sans les avantages sur lesquels ils pouvaient compter désormais, ne s'y seraient pas engagés. En comparant ce nouvel ordre de choses avec le passé, on remarque qu'autrefois l'existence d'un professeur, dans l'Université de Paris par exemple, ne lui offrait aucune perspective d'avancement, mais seulement l'espérance d'une pension, lorsque, après vingt ans d'exercice, il prenait rang parmi les émérites. Quelle différence entre une existence si restreinte et l'avenir ménagé aux membres du corps enseignant! Dès leurs premiers pas, ils voient s'élever devant eux les degrés d'une longue hiérarchie, qui ne s'arrête qu'au ministère de l'instruction publique. Non-seulement ce système a enrichi l'Université des plus beaux talents, mais il a placé généralement ceux qui cultivent les lettres et les sciences au rang qui leur appartient légitimement dans l'ordre social. Qu'on remonte par la pensée aux siècles antérieurs, que l'on jette les yeux sur les autres parties de l'Europe, et l'on remarquera qu'aujourd'hui, en France, les hommes de lettres, dignes de ce nom, et les véritables savants jouent un rôle plus important qu'à aucune autre époque et dans aucun autre pays. Rien de plus naturel que ce résultat; les progrès de la civilisation et le développement de l'aristocratie intellectuelle sont inséparables. Celle-ci est d'autant plus forte qu'elle ne tire sa puissance que d'elle-même; elle est d'autant mieux accueillie par le public qu'elle est chaque jour accessible pour tous, et qu'elle ne ferme l'avenir pour personne.

En parlant de cette aristocratie, ne peut-on pas faire ressortir une vérité trop souvent méconnue? C'est que la marche progressive des sociétés modernes ne doit pas être regardée comme détruisant tout principe d'aristocratie, mais comme ajoutant des éléments nouveaux à ceux qui la constituaient originairement. Cette pensée paraît avoir frappé l'empereur Napoléon, lorsqu'il dicta la constitution du royaume d'Italie; cette pensée était certainement présente à l'esprit du Tribunat, lorsqu'il donnait son assen-

timent à la création d'un corps enseignant. Mais
là s'arrêta l'intervention du Tribunat et celle de
la loi ; elle avait bien promis d'aller plus loin,
mais il ne lui fut pas permis de coopérer à la
construction de l'édifice, dont elle avait posé la
base. Il fut d'abord érigé par un décret, modifié
ensuite par d'autres décrets, et plus tard par
des ordonnances, dont les dispositions furent
très-diverses.

On a dit que l'Empereur, au moment où
il jetait les fondements de l'Université, avait
exprimé le regret de ne pouvoir confier la
même mission à une congrégation religieuse.
Cette intention n'est-elle pas révélée par l'esprit
général et par plusieurs articles du décret, en
date du 7 mars 1808, qui a organisé l'Université impériale ?

L'article 38 fait reposer l'enseignement sur les
préceptes de la religion catholique.

Suivant l'article 4, les membres de l'Université doivent s'engager à ne quitter le corps enseignant qu'après en avoir obtenu l'agrément du
grand-maître.

L'article 101 impose l'obligation du célibat

et de la vie commune aux proviseurs et aux censeurs des lycées, aux principaux et aux régents des colléges, ajoutant qu'aucune femme ne pourra être reçue dans l'intérieur des lycées et des colléges.

Un autre décret, celui du 17 septembre 1808, s'exprime ainsi :

« Le grand-maître prête serment avec le même cérémonial que les archevêques, et jure de former des citoyens attachés à leur religion. »

On remarque avec regret, que des dispositions moins favorables à la religion se sont manifestées dans des décrets postérieurs; mais ce changement s'explique par un des événements les plus graves et les plus malheureux du règne de Napoléon, ses démêlés avec le pape.

De si profondes variations auraient-elles eu lieu si la promesse énoncée par la loi du 10 mai 1806 s'était réalisée, si l'organisation du corps enseignant avait été présentée en forme de loi dans la session de 1810 ?

Les mêmes motifs qui avaient dès lors fait espérer l'intervention de la loi, auraient dû enfin la provoquer en 1814 et pendant la Restauration. Mais c'est toujours par des ordonnances que l'on a traité cette matière, essentiellement législative.

On lui reconnaissait formellement ce caractère dans le préambule de l'ordonnance du 17 février 1815, qui, par mesures provisoires, abolissait la taxe universitaire, remplaçait l'Université impériale par dix-sept universités, attribuait au clergé deux places dans le conseil royal, et le rangeait sous la présidence d'un prélat, qui s'est montré si digne d'écrire la vie de Fénelon et de Bossuet.

Ce plan ne fut pas réalisé ; on organisa une commission d'instruction publique, où était placé un autre ecclésiastique, distingué aussi par ses lumières et par de grands services rendus à la religion, je veux parler de M. l'abbé Frayssinous, depuis évêque d'Hermopolis.

La même commission, composée, à partir du 22 juillet 1820, de sept membres, reçut, le 1er novembre suivant, le titre de conseil royal de l'instruction publique.

Peu de temps après, le 12 décembre 1820, M. de Corbière fut nommé président du conseil royal d'instruction publique, et en même temps Ministre secrétaire d'État, membre du conseil des Ministres.

Le 1er juin 1822, le chef de l'Université reprend le titre de grand-maître, et M. l'abbé Frayssinous est appelé à ces fonctions.

Enfin, une ordonnance du 26 août 1824, créant un ministère pour les affaires ecclésiastiques et l'instruction publique, y comprend les attributions du grand-maître de l'Université, et fait entrer dans le conseil royal plusieurs membres du clergé.

Ces détails, que je me suis efforcé d'abréger, conduisent à des considérations générales sur l'organisation de l'Université pendant la durée de l'Empire, et sur les modifications qu'elle a subies ultérieurement.

Quant à la manière dont elle fut originairement créée par Napoléon, on ne saurait s'étonner qu'il ait été surtout préoccupé du désir de rendre énergique l'action de l'autorité, sans s'astreindre

à examiner soigneusement quelle partie de l'enseignement devait rester hors du domaine de
l'Université.

Nul doute que, dans les pays où la civilisation
est très-avancée, un des plus importants devoirs
du législateur, c'est de tracer, avec exactitude
et scrupule, la ligne de démarcation entre les
choses qui doivent être abandonnées à l'action
de l'intérêt privé, et celles qui doivent être sou-
mises à l'intervention de l'autorité publique.
C'est ainsi que se concilient la vitalité d'une
grande nation, et la puissance d'un gouvernement ferme et intelligent. Si cette distinction n'a
pas toujours été bien saisie par Napoléon, cela
trouve son explication dans une double circonstance.

La première société qu'il eût gouvernée, c'était
une armée. Là, tout est le résultat d'une organisation positive; rien ne se réalise que par l'im-
pulsion de l'autorité. Il faut qu'elle se fasse sentir
dans tous les moments et en toutes choses.

Lorsque ensuite, et après cet apprentissage de
son génie, Napoléon fut appelé par la Providence à sauver la grande société, qui était me-

nacée de périr dans les convulsions de l'anar-
chie, celle-ci dut frapper son imagination comme
le danger le plus redoutable pour une nation, et
ce souvenir le porta naturellement à s'occuper,
avant tout, des moyens de maintenir l'ordre le
plus sévère dans toutes les parties du service
public.

Mais on doit convenir que les manifestations
de défiance contre le clergé qui, à l'occasion de
l'enseignement, percent dans plusieurs des décrets postérieurs à 1808, ne tiennent pas à la
cause qui vient d'être indiquée. On a déjà fait
remarquer qu'elles n'eurent d'autre origine que
la position hostile où Napoléon s'était placé
envers le saint-siége.

Il importe toutefois de se demander quelle
était, à la chute de l'Empire, la position de
l'Université. C'était un service public organisé
d'une manière spéciale, mais classé parmi les
attributions du Ministre de l'intérieur.

C'est un fait qu'il est utile de constater, parce
qu'il pourra se lier ultérieurement à diverses
observations.

Quelles sont celles que doivent suggérer les mesures postérieures à 1814?

Après avoir reconnu la nécessité d'une loi, on n'en propose aucune, on adopte successivement, et par voie d'ordonnance, divers systèmes, qui ménagent au clergé une certaine influence sur l'instruction publique, et on finit par en confier la direction à un évêque.

Ceux qui insistent sur l'exécution complète des ordonnances de 1828 ne doivent pas perdre de vue la circonstance qui vient d'être rappelée. Lorsqu'un prélat, Ministre des affaires ecclésiastiques, se trouvait à la tête de l'Université, le caractère dont il était revêtu n'offrait-il pas aux catholiques une haute garantie? Ne sommes-nous pas autorisés à demander qu'il y soit suppléé par de nouvelles dispositions, en les réclamant au nom de la Charte et de la liberté?

On reproche à l'ordonnance du 22 août 1824, qui a créé un ministère des affaires ecclésiastiques, d'avoir voulu livrer entièrement au clergé l'instruction publique. La combinaison qui a fait sortir l'Université du ministère de l'intérieur, pour en composer un ministère spécial,

a donné lieu, dans un sens différent, à des in-
quiétudes qui méritent d'être appréciées.

J'ignore quand il est arrivé, pour la première
fois, à quelqu'un de dire : l'Université, c'est
l'État. Quoiqu'elle constitue un ministère distinct,
je ne saurais trouver dans ce fait un prétexte
pour la locution que je viens de citer. Certes,
l'Université est un service public d'une grande
importance, son existence tient à l'intérêt général, mais elle se présente, à cet égard, sous le
même aspect que les autres services publics, et
en parlant de l'armée, de l'administration ou
de la magistrature, on ne s'est jamais écrié :
C'est l'État. Cette parole manquerait d'exactitude, lors même qu'elle s'appliquerait à la plus
éminente de toutes les dignités humaines, au
monarque en qui réside, au degré le plus élevé,
le caractère de représentant de la nation. Si
donc l'expression que je me permets de relever
a été employée par des hommes très-éclairés,
je crois qu'ils sont allés au delà de leur véritable
intention. Rien d'ailleurs de plus facile à conce-
voir dans l'entraînement d'une polémique, dont
on ne saurait trop déplorer la véhémence.

J'ai eu l'honneur de vous rappeler, Messieurs,

que dès le 10 mai 1806, la loi avait promis so-
lennellement de procéder elle-même à l'organisation de l'Université. J'ai fait passer rapide-
ment sous vos yeux la multitude des combinaisons par lesquelles on a essayé de suppléer à
l'exécution de cette promesse. Je m'abstiens de
parler d'une foule de règlements, d'instructions
et de décisions spéciales, dont plusieurs sont
très-remarquables par l'empreinte de la plus
dure jalousie contre les institutions privées. Ces
documents sont d'ailleurs si nombreux et si divers, que je n'ai éprouvé aucune surprise lorsque j'ai entendu un homme placé très-haut dans
les rangs universitaires, déclarer que c'est un
chaos inextricable.

Il est à remarquer, dans l'intérêt de l'Université, que si on la compare aux autres services
publics, elle est, sous un rapport, moins bien
traitée. Dans presque toutes les carrières, l'honneur d'une nomination royale descend jusqu'à
des agents dont la position est très-modeste,
tandis que dans l'Université, des places très-
importantes, celles de recteurs, par exemple,
sont conférées par une simple décision du Ministre. Cela tient, sans doute, à ce caractère de
corporation civile que les décrets avaient im-

primé à l'Université, et dont il faut évidemment
la dégager dans ce moment.

Les faits que je viens d'exposer, et les considérations relatives à la nouvelle position où
l'Université va se trouver à l'égard du public,
m'avaient persuadé qu'il aurait été convenable,
pour bien remplir le vœu de la Charte, de donner
à l'Université l'avantage d'une organisation nouvelle et sanctionnée par la loi. On aurait exa-
miné alors si le conseil royal, que d'ailleurs
l'Europe doit nous envier à cause des talents et
des lumières qu'il renferme, a bien le caractère
d'un conseil placé auprès d'un ministre respon-
sable. On aurait surtout commencé par abolir
la rétribution universitaire, sur laquelle je re-
viendrai dans quelques instants.

Je n'abuserai pas de votre attention, en me
permettant de développer l'opinion que je viens
d'énoncer et qu'il me suffit d'indiquer, pour que
la dette de ma sincérité soit complétement ac-
quittée. J'obéis à la nécessité de suivre la discussion sur le terrain du projet présenté par un Ministre, qui connaît depuis longtemps mon admi-
ration bien sincère pour son rare talent. Mais j'ai
besoin d'épancher d'abord un regret amplement

motivé par tant de débats sur lesquels nous gémissons. N'aurait-on pas eu l'espérance de les prévenir, au moins en grande partie, si, au lieu de concentrer la préparation du projet de loi dans l'intérieur du ministère de l'instruction publique, on avait suivi une marche que l'on a adoptée souvent et avec succès, dans des occasions importantes, si l'on avait confié ce grand ouvrage à une commission où le clergé, la magistrature et l'administration auraient été représentés aussi bien que l'Université?

Obligé de combattre le projet de loi qui vous est soumis, je m'empresse de déclarer qu'il me paraît sérieusement, mais non suffisamment amélioré par votre commission. Je ne me permettrai pas de louer son rapport, à moins cependant qu'une simple allusion à l'impression qu'il a produite sur vous ne se trouve un très-grand éloge.

On m'accusera peut-être de me laisser égarer par les illusions de mon amour-propre, si j'avoue que je me flatte d'être d'accord avec les principes sur lesquels elle s'est appuyée; mais je me persuade qu'elle n'en a pas tiré toutes les conséquences qu'ils doivent produire, et qui me conduisent à des conclusions différentes des siennes.

Il me semble que la commission a implicitement, mais parfaitement reconnu qu'il ne faut pas confondre l'Université avec l'État. Ainsi elle a introduit un changement remarquable dans le projet de loi. Le jury qu'il organisait par l'art. 5, et qui pouvait arriver au nombre de dix membres, en présentait huit qui appartenaient à l'Université, ou qui devaient être désignés par le Ministre de l'instruction publique. La combinaison préférée par la commission prend la majorité hors de ce cadre, et sans faire intervenir la désignation ministérielle. Votre commission a très-bien senti que l'Université devait être appelée, à titre technique, pour ainsi dire, et afin de faciliter l'appréciation du mérite des candidats, mais non pour prononcer à peu près seule sur leur sort. C'est le même principe qui a dicté les amendements proposés par la commission sous les n°s 19 et 20. Par le dernier, elle cherche une garantie pour les candidats dans la position indépendante de ceux qu'elle charge de procéder aux examens. Par l'autre, elle substitue à la surveillance exclusive du Ministre de l'instruction

publique, l'intervention facultative des autorités
ecclésiastiques, judiciaires et administratives.

Cette dernière circonstance m'entraine à rappeler votre attention sur le rapport que vous
avez entendu avec tant d'intérêt. Son très-
habile auteur a été conduit, par la justesse de
son esprit, à reconnaître qu'il ne peut plus
exister aujourd'hui telle chose qu'un grand-
maître de l'Université. En effet, sous le régime
constitutionnel, un ministre ne saurait déroger
jusqu'à des attributions distinctes de celles qui
le constituent membre du Gouvernement.

Mais, à cette occasion, on pose une question
importante : comment pourrait-on créer, pour
l'enseignement secondaire, une autorité offrant
une garantie contre la prépondérance de l'Université? La discussion de cette hypothèse est
établie par le très-honorable auteur du rapport,
dans des termes qu'il a parfaitement choisis
pour l'intérêt de son argumentation, et cette
habileté prouve combien il a de motifs pour
parler, dans un autre passage, avec une prédi-
lection toute particulière de la logique, qui lui
fournit tant de ressources. Je conviens sans
peine qu'il serait déraisonnable de supposer

l'existence d'une autorité qui entrerait en partage ou qui se mettrait en lutte avec le Ministre de l'instruction publique; mais il a été reconnu qu'il ne saurait plus dorénavant être considéré comme grand-maître de l'Université; il se trouve dès lors dans la même position que les autres ministres, qui ont le droit de faire intervenir, en concurrence avec les agents d'un service spécial, les fonctionnaires réellement dépositaires d'une portion de l'autorité publique. C'est ainsi que les préfets n'appartiennent pas au seul département de l'intérieur, mais qu'ils sont journellement mis en action par les autres ministres. Cette vérité a été admise à l'époque même où l'Université prenait l'existence d'une corporation civile. La preuve en est dans les articles 33 et suivants du décret du 15 novembre 1811, et, s'ils avaient produit peu d'effets jusqu'à présent, cela s'expliquerait par l'organisation actuelle, qui me semble avoir l'inconvénient de mettre l'Université trop peu en contact avec l'autorité départementale.

Vous ne me blâmerez pas, Messieurs, de chercher, en m'avançant dans cette discussion, à m'appuyer le plus longtemps possible sur l'autorité, très-imposante pour moi, de votre commission. J'ai été fort heureux d'entendre les paroles par lesquelles elle se prononce contre la rétribution universitaire, déclarant qu'elle doit être supprimée après la promulgation de la loi sur l'enseignement secondaire. Déjà plusieurs membres de l'Université ont réprouvé, dans les termes les plus justes et les plus forts, cette taxe inconciliable avec les vrais principes de l'économie publique. Ce n'est rien moins qu'un impôt sur la lumière; c'est une faute en finance, analogue à plusieurs autres du même genre, qui se sont répétées sous la glorieuse dictature de l'empereur Napoléon, lorsqu'on a cherché dans des taxes spéciales ce qu'il fallait demander à l'ensemble des contributions générales. Si la rétribution universitaire ne produisait qu'un effet fiscal, je comprendrais facilement qu'on en différât l'abrogation jusqu'à la promulgation de la loi actuellement soumise à vos délibérations; mais il n'échappe pas à votre sagacité que cette taxe se présente sous un aspect tout autre et plus grave. Elle trouble les éléments de la concurrence qui doit exister entre les divers genres d'établissements consacrés à l'enseignement secondaire. Il me paraît donc évident que la suppression de la rétribution universitaire est un préliminaire indispensable pour bien constituer

la situation respective des établissements dont
il s'agit.

Me voici arrivé au point où j'ai le malheur
de me trouver en dissentiment complet avec votre commission, et c'est, si je ne me trompe,
l'article le plus important ou plutôt la base même
de la loi ; je veux parler des certificats d'étude.

Après avoir fait ressortir l'importance des
examens et des grades, on finit par n'en plus
vouloir comme d'une garantie suffisante. Un
jeune homme peut avoir acquis, dans un établissement autre que les colléges royaux et com-
munaux, ou les institutions de plein exercice,
les connaissances les plus solides et les plus
étendues ; on lui refuse de l'admettre à en faire
preuve dans l'examen. Par suite des circonstances relatives à ses premières années, il voit
se fermer devant lui toutes les carrières qu'il aurait été capable de parcourir avec le plus grand
succès. Pour lui, plus d'espérance.

On cite à l'appui de ce système ce qui a pu
se pratiquer autrefois en France, ou ce qui se
fait en pays étranger. Qu'il me soit permis, pour
tous les rapprochements de ce genre, de vous

offrir une réflexion générale. Quand il s'agit, pour nous, de ce qui avait lieu en France avant la révolution, et pour les pays étrangers, de ce qui s'y passe actuellement, il ne faut pas oublier que le mot *université*, appliqué soit au temps antérieurs à 1789, soit aux nations étrangères, présente un sens très-différent de celui que nous y attachons. Pour nous, aujourd'hui, c'est un établissement unique, et qui embrasse toutes les parties de l'enseignement. Autrefois, il existait en France jusqu'à vingt-deux universités qui se faisaient concurrence, et plusieurs étaient tombées dans un état tel, que les certificats d'étude n'étaient plus qu'une formalité dérisoire. Quant aux universités étrangères, elles sont, sous le rapport de la concurrence, dans une position analogue. D'ailleurs la plupart d'entre elles ne comprennent que les éléments de l'enseignement supérieur, et ne sauraient être soupçonnées de la moindre disposition à rivaliser avec les établissements où se donne l'enseignement secondaire.

Cet article, Messieurs, mérite d'autant plus votre attention qu'il aggrave singulièrement le système des projets présentés, en 1836 et en 1841, à la Chambre élective. La commission

vous en avertit avec cette loyauté scrupuleuse
que l'on ne saurait trop honorer. Les projets
que je viens de citer admettaient à l'examen
les jeunes gens élevés dans les pensions et institutions de tous les degrés ; la loi actuellement
en discussion n'admet que les élèves des institutions de plein exercice. Vous reconnaîtrez aisément tout ce qu'il y a de rigoureux dans cette
innovation ; il vous suffira de mettre en rapprochement le nombre des pensions et institutions
qui ne sont pas de plein exercice, et le nombre de celles qui obtiennent ce titre ; vous ferez
ainsi ressortir ces deux chiffres : 1 046 pour la
première classe, et 23 pour la seconde. Quelle
cruelle disproportion entre la foule que l'on repousse et la faible élite de préférés que l'on
accueille !

Je sais bien qu'on n'enlève pas aux chefs de
famille le droit de délivrer des certificats d'étude ; or cette disposition même donne lieu à
beaucoup d'observations, soit sur les droits
respectifs des différentes classes de citoyens,
soit sur toutes les combinaisons qu'il faut prévoir. Mais, pour ne pas abuser de votre patience,
je m'abstiens d'entrer dans des détails qui, suivant moi, peuvent être réservés pour la discus-

sion des articles, me persuadant qu'il suffit, dans la discussion générale, d'énoncer les principales raisons d'après lesquelles on est disposé à voter pour ou contre le projet de loi.

Mais je me crois obligé de m'expliquer dès à présent sur une des conséquences qui résulteraient de l'abrogation du certificat d'étude. On ferait ainsi disparaître toutes les difficultés relatives aux écoles ecclésiastiques. Il ne serait plus question, ni du premier, ni du second paragraphe de l'article 18.

En abordant un sujet si délicat, je vous demande, Messieurs, la permission d'exprimer, dans toute sa naïveté, l'étonnement que j'éprouve lorsque j'entends des hommes de mérite parler actuellement des dangers que peut faire craindre la disposition envahissante du clergé. Il me semble, je l'avoue, qu'il y a là un véritable anachronisme.

Pendant longtemps le clergé a possédé des avantages tels qu'il pouvait y avoir prétexte et même motif, si l'on veut, pour de telles alarmes. Avant 1789, il avait entre les mains d'immenses propriétés. Il formait le premier ordre du royaume ; il tenait à la noblesse par ses principaux dignitaires ; il appelait encore à lui, par de grands avantages, des familles importantes du tiers état. On pourrait citer telle province, le Languedoc, par exemple, où l'administration était essentiellement, et avec beaucoup de succès, dirigée par le banc des évêques. Enfin l'histoire offrait une longue liste d'ecclésiastiques que la force de leurs talents ou le cours des événements avaient placés à la tête du gouvernement. Je conçois qu'alors des hommes éclairés et de bonne foi aient redouté les envahissements du clergé. Ce n'est pas le cas d'approfondir les luttes qui ont eu lieu trop souvent entre l'Église et la magistrature, et de rechercher si le zèle de celle-ci ne l'a pas entraînée quelquefois à franchir les limites du domaine spirituel.

Mais je vous supplie d'examiner si, dans l'état actuel des choses, il est possible de se livrer, contre le clergé, à des craintes sérieuses. Sa position temporelle est tellement modeste, qu'un Français, qui se voue au sacerdoce, prouve par cela même qu'il a renoncé à toute espèce d'ambition et de projets de fortune ; l'État lui accorde à peine le plus strict nécessaire, et l'accès de toutes les fonctions publiques lui est fermé. Dans de telles conjonctures, quels pourraient être pour le clergé les moyens d'envahissement?

En réfléchissant sur des appréhensions de ce genre, j'aperçois d'ailleurs une très-grande différence entre un pays gouverné par le pouvoir absolu et une monarchie constitutionnelle. Dans la première supposition, on conçoit qu'une influence occulte et dangereuse puisse être exercée par un prêtre appelé à diriger la conscience des plus élevés parmi les dépositaires du pouvoir et même celle du monarque. Cette influence permet de croire à des conséquences politiques.

Mais en France, comme dans tout autre pays libre, comment peut s'exercer l'influence du prêtre? c'est dans ses rapports avec le public tout entier. Oui, j'en conviens, le clergé a une ambition vive, incessante, une ambition qui ne doit jamais se tenir pour satisfaite, c'est celle de maintenir les fidèles dans l'accomplissement de leurs devoirs religieux, et de rappeler à Dieu les âmes qui ont eu le malheur de s'en éloigner. Mais n'est-ce pas pour cela même que l'État lui a constitué une existence publique? Mais les succès qu'il peut obtenir ne garantissent-ils pas à l'État de bons citoyens?

Je ne veux pas dire que le clergé doive se mêler à la politique; ce serait un alliage funeste à la religion, mais indépendamment de tout système et de toute opinion, il propage des maximes telles, que tous ceux qui y conforment leur vie sont nécessairement pleins de respect pour le pouvoir et pour les lois, comme pour la liberté. Qu'il me soit permis de fortifier mes faibles paroles par l'autorité d'un prince de l'Église, qui siégea dans cette enceinte. « La loi de Jésus-Christ, dit M. le cardinal de la Luzerne, donne au pouvoir suprême le plus solide fondement; elle le pose sur la conscience : loi admirable, qui, soumettant le chrétien à la puissance qu'il trouve établie, protége tous les gouvernements, et n'en prescrit aucun; loi merveilleusement adaptée à l'universalité de l'Église, qui en fait la religion commune de tous les gouvernements et qui intéresse à sa conservation toutes les sociétés, sous quelque forme qu'elles soient constituées. »

Mais la constitution actuelle de la société française donnerait-elle lieu de craindre que le clergé ne lui fût hostile? Il arrive trop rarement que les hautes classes de la société française fournissent des sujets au sacerdoce. La plupart de ceux qui le composent doivent donc se trouver naturellement en sympathie avec la masse des citoyens qui, au lieu de regretter le temps des priviléges, chérissent une constitution qui assure à chacun le droit de s'élever selon son mérite. C'est, au reste, à cette pratique que l'Église catholique a dû la plupart de ses illustrations. Pourquoi donc faudrait-il se défier du clergé?

La défiance est une mauvaise politique; elle sème l'aversion. Souffrez que j'appuie cette assertion sur une preuve contemporaine, sans manquer à la mesure que l'on doit s'imposer, en cherchant dans une époque toute récente une leçon d'histoire. La Restauration trouva dans les fonctions publiques et dans toutes les classes, beaucoup d'hommes qui ne l'avaient pas désirée, mais qui n'étaient nullement disposés à s'insurger contre l'arrêt des événements et l'acquiescement de la nation. Trop souvent on les aigrit et on les éloigna par défiance, pour accueillir et élever d'autres personnes qui affichaient, à l'égard du gouvernement antérieur, une indignation subite et posthume. On oubliait alors qu'on ne doit compter pour l'avenir, que sur ceux qui ne sont jamais disposés à renier leur passé.

On s'est remis, dans ces derniers temps, à parler de l'ultramontanisme, comme s'il y avait quelque danger à craindre de ce côté. Là encore, j'ose le dire, il y a vraiment anachronisme.

Nous connaissons tous les époques où les princes, comme les peuples, opprimés par la violence et l'injustice, imploraient l'intervention de l'autorité pontificale. Il ne serait pas difficile d'expliquer comment ce recours résultait nécessairement de l'état où se trouvaient les sociétés européennes, accablées alors de tant de calamités. Mais on aurait aussi à remarquer que si l'intervention du souverain pontife tourna fréquemment à l'avantage des peuples, la religion vit toujours ses ennemis grossir à proportion de la part que ses ministres furent amenés à prendre dans les mouvements de la politique. Rien ne contribua plus aux malheurs que l'Église eut à subir dans le xvi⁰ siècle et plus tard.

Que devons-nous redouter aujourd'hui? est-ce la force ou la faiblesse du saint-siége ? Ma réponse à cette triste question, c'est de reporter vos souvenirs sur ce qui s'est passé dans ces derniers temps en Allemagne, en Portugal, en Espagne et surtout en Pologne.

Je me félicite d'être né dans une religion dont le chef est distinct du chef de l'État, et dont la souveraineté n'a d'autre objet et d'autre but que de le soustraire à l'influence de tout autre souverain. Je ne sens jamais mieux qu'au moment où j'ose parler devant vous combien j'ai de motifs pour me renfermer dans une profonde humilité, mais je vous avoue que j'ai tout l'orgueil d'une conscience indépendante : elle me dit que, quand le chef de l'État est en même temps celui de la religion, il n'y a plus là qu'une institution humaine qui s'interpose, avec profanation, entre le ciel et la terre.

Pendant longtemps la France et son clergé défendirent la pragmatique sanction, qui n'admettait que peu de rapprochement entre l'Église et l'État; mais le lien qui les unit remonte aux temps où commença, sous François Ier, l'ère des concordats.

Il m'a semblé que ces observations générales

étaient nécessaires pour faire ressortir la position
où se trouvent les écoles ecclésiastiques. Elles
sont sous la dépendance directe des évêques,
nommés par le Roi, comme le Ministre de l'instruction publique. De plus, les prêtres placés
à la tête de ces écoles, doivent être agréés par
l'autorité royale. Il y a donc ici toutes les garan-
ties que nous pouvons désirer pour l'État; on
ne saurait confondre de tels établissements avec
ceux qui pourraient être formés par des spécu-
lations particulières. Quant aux avantages ac-
cordés aujourd'hui, c'est-à-dire avant la liberté
de l'enseignement, aux écoles ecclésiastiques,
je ne crois pas qu'on puisse, avec votre commission, les regarder comme les effets d'un contrat. Pour qu'il y ait contrat, il faut qu'il se
trouve en présence deux intérêts différents. Hors
dans ce cas, tout se rapportait à un seul intérêt, commun entre l'Église et l'État, la conti-
nuation du sacerdoce. Si l'État ne s'y croyait
réellement pas intéressé, il y aurait dans le bud-
get une inconséquence de trente-six millions.

Mais, au reste, les avantages dont je viens
de parler disparaîtraient si le plan dont j'ai pris
la liberté de vous présenter l'aperçu pouvait se
réaliser. La rétribution universitaire et le certi-

ficat d'étude seraient abolis au profit de tout le monde. Je n'ai pas besoin d'ajouter que la nature même des écoles ecclésiastiques leur donnerait toujours pour surveillants uniques et nécessaires les évêques de France.

Messieurs, aucun de vous n'a pu oublier les paroles si nobles et si touchantes que le rapporteur de votre commission adressait, en son nom, aux pères de famille, en rappelant tous les devoirs qui sont inséparables de l'exercice de leurs droits.

S'il m'était permis de répondre, en me rendant leur organe, j'oserais dire : « Nous recueillons avec l'émotion du respect des avertissements qui partent de si haut. Ils sont empreints du parfum des meilleurs sentiments; ce sont des conseils inspirés, sans aucun doute, par le desir de ne sacrifier la vérité à aucune espèce de préventions. Mais de si généreuses intentions, unies à tant de lumières, nous encouragent à provoquer des réflexions ultérieures. Nous vous conjurons d'examiner encore s'il est juste, s'il est nécessaire de partager les pères de famille en deux classes, l'une infiniment peu nombreuse, l'autre presque innombrable; la première à qui

sa fortune permet de rémunérer, pour ses enfants, des instituteurs particuliers, la seconde
ne pouvant pourvoir à cette dépense ; celle-là
obtenant le respect de tous ses droits, celle-ci
les voyant compromis par les dispositions relatives aux certificats d'étude. Nous réclamons au
nom de l'égalité, non pas au nom de cette égalité, ridicule et brutale, qui s'efforcerait d'em-
pêcher l'élévation de tout ce qui pourrait excé-
der un niveau proscripteur, mais de cette égalité
aux magnanimes inspirations, qui demande qu'il
soit permis à chacun de s'élever en proportion
des facultés intellectuelles que la Providence lui
a départies.

« Nous vous supplions de prendre en consi-
dération l'immense variété des circonstances qui
peuvent influer d'une manière constante ou ac-
cidentelle sur la situation des familles ou sur le
lieu où leurs enfants peuvent recevoir, soit une
partie, soit la totalité de leur instruction. Nous
vous conjurons de prendre en commisération le
désespoir d'un père qui, sachant son fils en état
de soutenir avec honneur tout examen, serait
réduit à se dire : son avenir est à jamais frappé
d'interdiction, parce que mes moyens pécu-
niaires ne m'ont pas permis de le placer dans une

institution de plein exercice. Daignez enfin croire que la tendresse paternelle saura bien distinguer les établissements les mieux organisés pour l'enseignement secondaire, et ne manquera pas de les préférer toutes les fois que des difficultés de fortune ne s'y opposeront pas ; daignez surtout vous rappeler que le libre arbitre est la mesure de toute responsabilité envers Dieu et envers les hommes. »

En me proposant, Messieurs, de voter contre le projet de loi, je me réserve d'adopter les amendements qui tendraient à le rectifier, soit que ces amendements aient été déjà présentés par la commission, soit qu'ils puissent être produits ultérieurement par d'autres de nos honorables collègues.